與人生對話 / 手記

假設你是希特勒的母親，你還會愛他嗎？

你是用肚子還是腦袋來決定自己究竟該用肚子還是腦袋做決定？

在工作上，權力解決了什麼問題？

你期待死後的世界會有什麼以客為尊的服務？

愛情對你而言是否是種可再生能源？

在什麼情況下，你會希望自己被誤解？

如……你自己的最新版傳記電子書，你會不會去下載一本？

對你來說，有趣的朋友與有趣的敵人，哪一個的數量比較多？

從上帝從不主動現身這件事來看，你會如何評價祂的社交能力？

你自己……

如果你遭到國際性的全面通緝，你會躲到哪裡去？

……心的……？

你寧可多說話還是多保持沉默？

一般來說，在被其他想法取代之前，一個念頭會在你的腦海裡盤踞多久？

你絕不會有哪些想法？

有多少自認為幸福的人確實幸福？

穿著十分體面地躺在棺材裡，這對你而言有多重要？

你有什麼值得別人為你豎碑紀念的理由？

你會不會擔憂自己下輩子還得碰上人際關係的難題？

______ 年 ______ 月 ______ 日

人生問了這麼一個問題：

我對人生如是說：

生活是一面鏡子，我們努力追求的第一件事，就是從中辨認出自己。——尼采

留存
人生的紀念品

電影票根、浮雲照片、一片落葉……只要曾帶來些許心情觸動，便是人生給予的紀念，值得悉心珍藏。

______ 年 ______ 月 ______ 日

人生問了這麼一個問題：

我對人生如是說：

每一天皆應當且必須具有意義，而且應當出自意外，而非我本身。——里爾克

留存

人生的紀念品

電影票根、浮雲照片、一片落葉……只要曾帶來些許心情觸動，便是人生給予的紀念，值得悉心珍藏。

＿＿＿年＿＿＿月＿＿＿日

人生問了這麼一個問題：

我對人生如是說：

人生的價值並不是用時間，而是用深度去衡量的。——托爾斯泰

留存
人生的紀念品

電影票根、浮雲照片、一片落葉……只要曾帶來些許心情觸動，便是人生給予的紀念，值得悉心珍藏。

_____ 年 _____ 月 _____ 日

人生問了這麼一個問題：

我對人生如是說：

生活本身就是目標，生活本身就是目的。——蒙田

留存
人生的紀念品

電影票根、浮雲照片、一片落葉……只要曾帶來些許心情觸動，便是人生給予的紀念，值得悉心珍藏。

_____年_____月_____日

人生問了這麼一個問題：

我對人生如是說：

他覺得：自己之所以道路受阻，是因為他活著。但正因為道路受阻，他才得以證明他活著。
——卡夫卡

留存
人生的紀念品

電影票根、浮雲照片、一片落葉……只要曾帶來些許心情觸動，便是人生給予的紀念，值得悉心珍藏。

_____ 年 _____ 月 _____ 日

人生問了這麼一個問題：

我對人生如是說：

盡力尋找適合自己的生活方式，即便那會耽誤你所有該盡的「責任」。──赫塞

留存
人生的紀念品

電影票根、浮雲照片、一片落葉……只要曾帶來些許心情觸動，便是人生給予的紀念，值得悉心珍藏。

＿＿＿ 年 ＿＿＿ 月 ＿＿＿ 日

人生問了這麼一個問題：

我對人生如是說：

我們賴以生存的依據總是無以言喻的法則。——里爾克

留存
人生的紀念品

電影票根、浮雲照片、一片落葉……只要曾帶來些許心情觸動，便是人生給予的紀念，值得悉心珍藏。

______ 年 ______ 月 ______ 日

人生問了這麼一個問題：

我對人生如是說：

人們可支配自己的命運，若受制於人，錯不在命運，而在我們自己。──莎士比亞

留存
人生的紀念品

電影票根、浮雲照片、一片落葉……只要曾帶來些許心情觸動，便是人生給予的紀念，值得悉心珍藏。

_____ 年 _____ 月 _____ 日

人生問了這麼一個問題：

我對人生如是說：

生活好比旅行，理想是旅行的路線，失去了路線，只好停止前進。
生活沒了目的，精力也將枯竭。——雨果

留存
人生的紀念品

電影票根、浮雲照片、一片落葉……只要曾帶來些許心情觸動，便是人生給予的紀念，值得悉心珍藏。

______ 年 ______ 月 ______ 日

人生問了這麼一個問題：

我對人生如是說：

不要把生命看得太嚴肅，反正我們不會活著離開。──福特

留存
人生的紀念品

電影票根、浮雲照片、一片落葉……只要曾帶來些許心情觸動，便是人生給予的紀念，值得悉心珍藏。

______ 年 ______ 月 ______ 日

人生問了這麼一個問題：

我對人生如是說：

強烈的希望，比任何一種已實現的快樂，對人生具有更大的激勵作用。──尼采

留存
人生的紀念品

電影票根、浮雲照片、一片落葉……只要曾帶來些許心情觸動，便是人生給予的紀念，值得悉心珍藏。

______ 年 ______ 月 ______ 日

人生問了這麼一個問題：

我對人生如是說：

人生就是不停的轉向，根本沒有機會不容思考他要脫離的是什麼東西。——卡夫卡

留存
人生的紀念品

電影票根、浮雲照片、一片落葉……只要曾帶來些許心情觸動，便是人生給予的紀念，值得悉心珍藏。

______ 年 ______ 月 ______ 日

人生問了這麼一個問題：

我對人生如是說：

人生不是一種享樂，而是一樁十分沉重的工作。——托爾斯泰

留存
人生的紀念品

電影票根、浮雲照片、一片落葉……只要曾帶來些許心情觸動，便是人生給予的紀念，值得悉心珍藏。

_____ 年 _____ 月 _____ 日

人生問了這麼一個問題：

我對人生如是說：

人生就好像是回力鏢一樣，你投擲出的是什麼，收到就是什麼。——卡內基

留存
人生的紀念品

電影票根、浮雲照片、一片落葉……只要曾帶來些許心情觸動，便是人生給予的紀念，值得悉心珍藏。

______ 年 ______ 月 ______ 日

人生問了這麼一個問題：

我對人生如是說：

每種生活都是對的，它們都是生活的片段。──赫塞

留存
人生的紀念品

電影票根、浮雲照片、一片落葉……只要曾帶來些許心情觸動，便是人生給予的紀念，值得悉心珍藏。

_____ 年 _____ 月 _____ 日

人生問了這麼一個問題：

我對人生如是說：

世界上真正有價值的事物，需要熱情和犧牲才能完成。——史懷哲

留存
人生的紀念品

電影票根、浮雲照片、一片落葉……只要曾帶來些許心情觸動，便是人生給予的紀念，值得悉心珍藏。

_____ 年 _____ 月 _____ 日

人生問了這麼一個問題：

我對人生如是說：

為了在生活中努力發揮自己的作用，熱愛人生吧。——羅丹

留存
人生的紀念品

電影票根、浮雲照片、一片落葉……只要曾帶來些許心情觸動，便是人生給予的紀念，值得悉心珍藏。

_____ 年 _____ 月 _____ 日

人生問了這麼一個問題：

我對人生如是說：

一切日常的與平淡無奇的事物，假如一起發生在一個人身上的話，就變成了命運。——里爾克

留存
人生的紀念品

電影票根、浮雲照片、一片落葉……只要曾帶來些許心情觸動，便是人生給予的紀念，值得悉心珍藏。

_____ 年 _____ 月 _____ 日

人生問了這麼一個問題：

我對人生如是說：

生命像一股激流，沒有岩石和暗礁，就激不起美麗的浪花！——羅曼・羅蘭

留存

人生的紀念品

電影票根、浮雲照片、一片落葉……只要曾帶來些許心情觸動，便是人生給予的紀念，值得悉心珍藏。

_____ 年 _____ 月 _____ 日

人生問了這麼一個問題：

我對人生如是說：

生活，就是知道自己的價值，明白自己所能做到的與所應做到的。——雨果

留存
人生的紀念品

電影票根、浮雲照片、一片落葉……只要曾帶來些許心情觸動，便是人生給予的紀念，值得悉心珍藏。

_____ 年 _____ 月 _____ 日

人生問了這麼一個問題：

我對人生如是說：

生命沒有初級班，每個人總得即刻面對最艱鉅的挑戰。──里爾克

留存
人生的紀念品

電影票根、浮雲照片、一片落葉……只要曾帶來些許心情觸動，便是人生給予的紀念，值得悉心珍藏。

_____ 年 _____ 月 _____ 日

人生問了這麼一個問題：

我對人生如是說：

每一個不曾起舞的日子，都是對生命的辜負！——尼采

留存
人生的紀念品

電影票根、浮雲照片、一片落葉……只要曾帶來些許心情觸動，便是人生給予的紀念，值得悉心珍藏。

＿＿＿年＿＿＿月＿＿＿日

人生問了這麼一個問題：

我對人生如是說：

輝煌的人生，不在於長久不敗，而是在於不怕失敗。——拿破崙

留存
人生的紀念品

電影票根、浮雲照片、一片落葉……只要曾帶來些許心情觸動，便是人生給予的紀念，值得悉心珍藏。

_____ 年 _____ 月 _____ 日

人生問了這麼一個問題：

我對人生如是說：

有思想，也有憂傷和理想，這才是生活。──杜斯妥也夫斯基

留存
人生的紀念品

電影票根、浮雲照片、一片落葉……只要曾帶來些許心情觸動，便是人生給予的紀念，值得悉心珍藏。

_____ 年 _____ 月 _____ 日

人生問了這麼一個問題：

我對人生如是說：

我相信，生命能否有意義並非我的責任，但是如何安排好我自己唯一的人生，這個責任則在我肩上。──赫塞

留存
人生的紀念品

電影票根、浮雲照片、一片落葉……只要曾帶來些許心情觸動，便是人生給予的紀念，值得悉心珍藏。

_____ 年 _____ 月 _____ 日

人生問了這麼一個問題：

我對人生如是說：

人生最終的價值在於覺醒和思考的能力，而不只在於生存。——亞里斯多德

留存
人生的紀念品

電影票根、浮雲照片、一片落葉……只要曾帶來些許心情觸動，便是人生給予的紀念，值得悉心珍藏。

______年______月______日

人生問了這麼一個問題：

我對人生如是說：

我們把世界看錯了，反說是世界欺騙我們。──泰戈爾

留存
人生的紀念品

電影票根、浮雲照片、一片落葉……只要曾帶來些許心情觸動，便是人生給予的紀念，值得悉心珍藏。

_____ 年 _____ 月 _____ 日

人生問了這麼一個問題：

我對人生如是說：

沒有省思的人生不值得活。──柏拉圖

留存
人生的紀念品

電影票根、浮雲照片、一片落葉……只要曾帶來些許心情觸動，便是人生給予的紀念，值得悉心珍藏。

＿＿＿年＿＿＿月＿＿＿日

人生問了這麼一個問題：

我對人生如是說：

我們已經走得太遠，以至於忘記為什麼而出發。──紀伯倫

留存
人生的紀念品

電影票根、浮雲照片、一片落葉……只要曾帶來些許心情觸動，便是人生給予的紀念，值得悉心珍藏。

＿＿年＿＿月＿＿日

人生問了這麼一個問題：

我對人生如是說：

生命因無人能掌握，故始終保持純粹。——里爾克

留存
人生的紀念品

電影票根、浮雲照片、一片落葉……只要曾帶來些許心情觸動，便是人生給予的紀念，值得悉心珍藏。

______ 年 ______ 月 ______ 日

人生問了這麼一個問題：

我對人生如是說：

生命不會大張旗鼓地提醒你它流逝得有多快，而是靜悄悄地移動著……——蒙田

留存
人生的紀念品

電影票根、浮雲照片、一片落葉……只要曾帶來些許心情觸動，便是人生給予的紀念，值得悉心珍藏。

______ 年 ______ 月 ______ 日

人生問了這麼一個問題：

我對人生如是說：

一個人知道自己為什麼而活，就可以忍受任何一種生活。——尼采

留存
人生的紀念品

電影票根、浮雲照片、一片落葉……只要曾帶來些許心情觸動，便是人生給予的紀念，值得悉心珍藏。

_____ 年 _____ 月 _____ 日

人生問了這麼一個問題：

我對人生如是說：

生活中讓我反感的事不會少於我所喜愛的。——赫塞

留存
人生的紀念品

電影票根、浮雲照片、一片落葉……只要曾帶來些許心情觸動，便是人生給予的紀念，值得悉心珍藏。

_____ 年 _____ 月 _____ 日

人生問了這麼一個問題：

我對人生如是說：

生活就像海洋，只有意志堅強的人，才能到達彼岸。──馬克思

留存
人生的紀念品

電影票根、浮雲照片、一片落葉……只要曾帶來些許心情觸動，便是人生給予的紀念，值得悉心珍藏。

____ 年 ____ 月 ____ 日

人生問了這麼一個問題：

我對人生如是說：

命運僅不過是我們本身罷了。──里爾克

留存
人生的紀念品

電影票根、浮雲照片、一片落葉……只要曾帶來些許心情觸動，便是人生給予的紀念，值得悉心珍藏。

_____ 年 _____ 月 _____ 日

人生問了這麼一個問題：

我對人生如是說：

生活是沒有旁觀者的。──歌德

留存
人生的紀念品

電影票根、浮雲照片、一片落葉……只要曾帶來些許心情觸動，便是人生給予的紀念，值得悉心珍藏。

______ 年 ______ 月 ______ 日

人生問了這麼一個問題：

我對人生如是說：

理解生活而且還要熱愛生活。——羅曼 · 羅蘭

留存

人生的紀念品

電影票根、浮雲照片、一片落葉……只要曾帶來些許心情觸動，便是人生給予的紀念，值得悉心珍藏。

______ 年 ______ 月 ______ 日

人生問了這麼一個問題：

我對人生如是說：

生命是短暫的，名譽卻永恆不滅。——荷馬

留存
人生的紀念品

電影票根、浮雲照片、一片落葉……只要曾帶來些許心情觸動，便是人生給予的紀念，值得悉心珍藏。

______ 年 ______ 月 ______ 日

人生問了這麼一個問題：

我對人生如是說：

生活在願望之中而沒有希望，是人生最大的悲哀。——但丁

留存

人生的紀念品

電影票根、浮雲照片、一片落葉……只要曾帶來些許心情觸動，便是人生給予的紀念，值得悉心珍藏。

_____ 年 _____ 月 _____ 日

人生問了這麼一個問題：

我對人生如是說：

夢是一小塊的生活。——里爾克

留存
人生的紀念品

電影票根、浮雲照片、一片落葉……只要曾帶來些許心情觸動，便是人生給予的紀念，值得悉心珍藏。

____年____月____日

人生問了這麼一個問題：

我對人生如是說：

人類的生命並不能以時間長短來衡量，心中充滿愛時，剎那即永恆。——尼采

留存
人生的紀念品

電影票根、浮雲照片、一片落葉……只要曾帶來些許心情觸動，便是人生給予的紀念，值得悉心珍藏。

______ 年 ______ 月 ______ 日

人生問了這麼一個問題：

我對人生如是說：

問題不是要讓人解決的，它只是為了讓生命產生必要的張力所需的其中一端而已。──赫塞

留存
人生的紀念品

電影票根、浮雲照片、一片落葉……只要曾帶來些許心情觸動，便是人生給予的紀念，值得悉心珍藏。

______ 年 ______ 月 ______ 日

人生問了這麼一個問題：

我對人生如是說：

把活著的每一天都看作是生命的最後一天。——海倫·凱勒

留存
人生的紀念品

電影票根、浮雲照片、一片落葉……只要曾帶來些許心情觸動，便是人生給予的紀念，值得悉心珍藏。

______ 年 ______ 月 ______ 日

人生問了這麼一個問題：

我對人生如是說：

每一天皆是生命的開端。每個生命皆是永恆的開端。——里爾克

留存
人生的紀念品

電影票根、浮雲照片、一片落葉……只要曾帶來些許心情觸動，便是人生給予的紀念，值得悉心珍藏。

_____ 年 _____ 月 _____ 日

人生問了這麼一個問題：

我對人生如是說：

人生在世，不過是過路的旅客。——托馬斯・阿奎那

留存
人生的紀念品

電影票根、浮雲照片、一片落葉……只要曾帶來些許心情觸動，便是人生給予的紀念，值得悉心珍藏。

______ 年 ______ 月 ______ 日

人生問了這麼一個問題：

我對人生如是說：

人生只是短暫的逗留。——柏拉圖

留存
人生的紀念品

電影票根、浮雲照片、一片落葉……只要曾帶來些許心情觸動，便是人生給予的紀念，值得悉心珍藏。

______ 年 ______ 月 ______ 日

人生問了這麼一個問題：

我對人生如是說：

讓人性有意義的，正是那些少數感到困擾而開始尋求生命意義的人。——赫塞

留存
人生的紀念品

電影票根、浮雲照片、一片落葉……只要曾帶來些許心情觸動，便是人生給予的紀念，值得悉心珍藏。

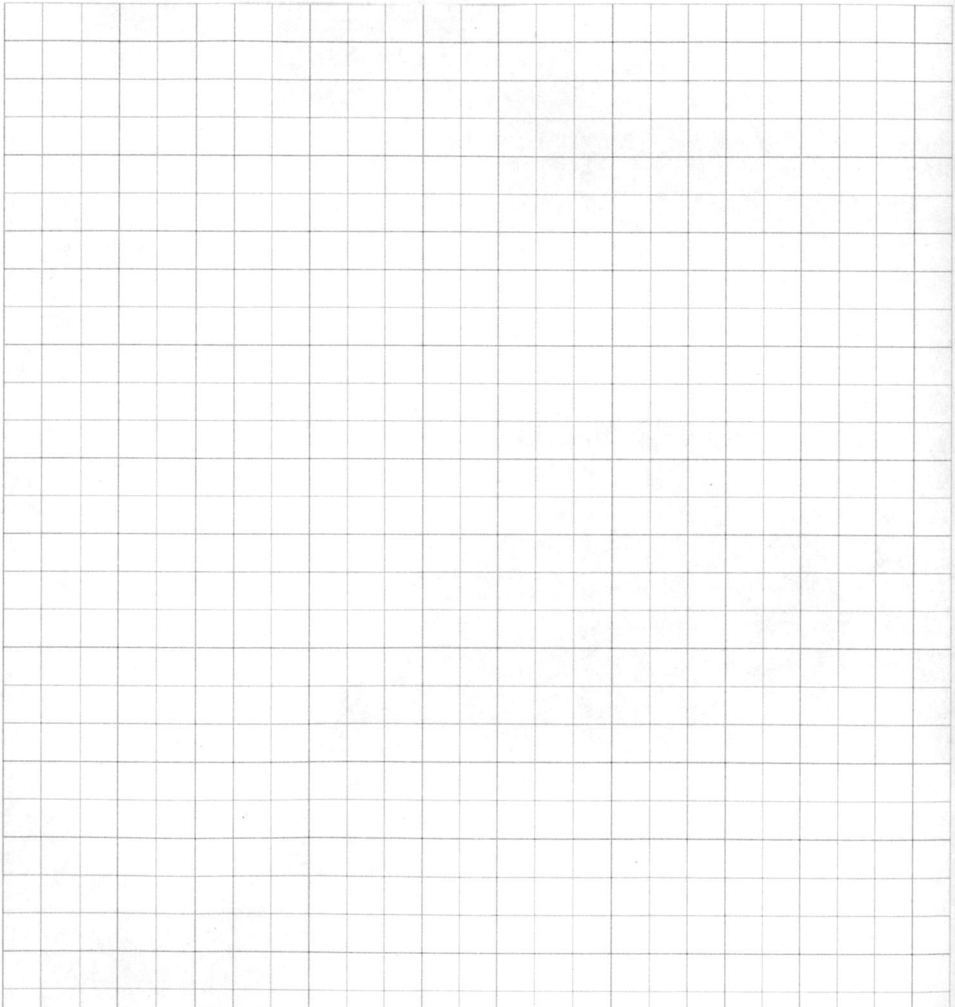